LE CORSAIRE,

COMÉDIE

EN TROIS ACTES ET EN VERS,

MÊLÉE D'ARIETTES.

(Par Poisson de La Chabeaussière, musique de Dalayrac, d'après Gouzel)

LE CORSAIRE,

COMÉDIE

EN TROIS ACTES ET EN VERS,

MÊLÉE D'ARIETTES;

Représentée, pour la première fois, à Versailles, devant LEURS MAJESTÉS & la Famille Royale, le 7 Mars 1783, par les Comédiens Italiens ordinaires du Roi, & à Paris, le 17 du même mois.

Prix 1 liv. 10 sols.

À PARIS,
Chez la Veuve DUCHESNE, Libraire, rue St.-Jacques, au Temple du Goût.

M. DCC. LXXXIII.

PERSONNAGES.	ACTEURS.
MAHAMET, riche Corsaire Algérien.	M. Menier.
FLORVILLE, jeune Français, Esclave, Ami & Rival de Mahamet.	M. Michu.
NARSIT, Valet Asiatique, Gardien du Serrail.	M. Trial.
JULIE, Amante de Florville.	Madame Trial.
ZIMA, Circassienne, Amante de Mahamet.	Mlle. Colombe, l'aînée.
LISETTE, Suivante de Julie.	Madame Dugazon.
DEUX AFRICAINS, Corsaires.	{ M. Le Coutre. { M. ***.

TROUPE DE MUETS, DE GARDES, D'EUNUQUES, D'AFRICAINS, &c.

La Scène est à Alger aux deux premiers Actes, dans les jardins de l'habitation de Mahamet. Sur l'un des côtés doit être un pavillon, dont la croisée est censée être celle de Zima. Au troisième Acte, la Scène est sur le bord de la Mer, dans un endroit isolé, hors d'Alger.

LE CORSAIRE,
COMÉDIE.

ACTE PREMIER.

SCENE PREMIERE.

FLORVILLE, seul.

Suis-je donc pour jamais séparé de Julie ?
Quand les flambeaux d'hymen allaient briller pour nous,
Je me suis vu privé du bonheur de ma vie,
Et peut-être son cœur en ce moment m'oublie :
Ah ! ce malheur serait le plus cruel de tous.

ROMANCE.

Que de maux loin de toi
J'éprouve, ô ma Julie !
Il n'est plus dans la vie

A

LE CORSAIRE,

Aucun plaisir pour moi.
L'ennui qui me dévore
Doit il bientôt finir ?
Ah ! si j'existe encore,
C'est par ton souvenir.

Ciel ! daigne à mon amour
Rendre enfin ma Julie ;
Je donnerais ma vie
Pour la voir un seul jour.
D'une absence cruelle
C'est trop long-tems souffrir ;
Et vivre ainsi loin d'elle,
C'est bien plus que mourir.

Pourquoi faut-il gémir, en ce climat barbare,
Esclave d'un Corsaire, & sans aucun appui ?
En vain, depuis six mois, par une amitié rare,
Mahamet cherche-t-il à calmer mon ennui ;
Ses bienfaits sont un poids pour mon ame flétrie ;
Rien ne peut adoucir mes chagrins dévorans :
Ses richesses, ses biens, ne me font pas envie ;
J'aime mieux rester pauvre & retrouver Julie.
S'enrichir, est le vœu des cœurs indifférens.

SCENE II.
NARSIT, FLORVILLE.
NARSIT.

DE Tunis un Corsaire apporte cette lettre,
Elle s'adresse à vous....
                  (*Il sort.*)

SCENE III.

FLORVILLE, *seul.*

Dieux! quel rayon d'espoir
En ce moment vous daignez me permettre!
C'est la main de Julie.
(*Il ouvre la lettre.*)
Ah! que viens-je de voir!
Depuis plus de trois mois cette lettre est écrite;
Quel malheur dans Alger la fait rentrer si tard?

(*Il lit.*)

Mon cher Florville, l'évènement affreux qui nous a séparés au moment de nous unir, a été suivi de trois mois de persécutions, de la part d'un Tuteur inexorable; mais le sort semble vouloir réparer ses injustices, en me laissant tout-à-coup, par sa mort, maîtresse de mon destin. Après trois mois de recherches infructueuses, je viens d'apprendre que vous êtes Esclave à Tunis.

A Tunis! Qui peut donc l'avoir si mal instruite!
O Ciel! préserve-nous de tout fâcheux hasard!

(*Il lit.*)

Je vole vous rejoindre. Ma fortune est modique, & vous êtes sans biens; mais je pourrai du moins partager vos fers, si je ne puis les briser. Je me flatte de détruire tous vos soupçons, & de vous prouver, par cette démarche, que je suis toujours tout à vous. JULIE.

A quels dangers affreux je la vois exposée!
Quel chagrin douloureux, pour son ame abusée,

LE CORSAIRE.

De me chercher en vain! Quel sera son recours?
Que ne puis-je, du moins, voler à son secours.

ARIETTE.

Affreux destin! dans l'esclavage
Pourquoi, pourquoi m'as-tu réduit?
A chaque instant nouvel outrage,
Ta cruauté qui me poursuit,
Se plaît à redoubler ma rage.

(*Mahamet entre, & observe Florville à l'écart.*)

(*Florville lisant sa lettre.*)

De la douceur de te revoir,
O Julie! Amante adorée,
Ta lettre, à mon ame enivrée,
Semblait promettre un faible espoir.
　　Vaine apparence,
　　Fausse espérance,
Elle augmente mon désespoir.

SCENE IV.

FLORVILLE, MAHAMET.

FLORVILLE, *continuant de chanter.*

O Ciel! avec bonté
Vois ma douleur extrême;
Pour chercher ce que j'aime,
Rends-moi la liberté.

COMÉDIE.

MAHAMET, *à part.*
Il réclame sa liberté ;
(*Haut.*)
Je vous la rends, Florville.

FLORVILLE.
O Ciel ! est-il possible !

MAHAMET.
Oui, c'est à l'amitié sensible
A vous offrir la liberté.
Allez jouir de la douceur
De voir une Amante adorée ;
De plaisir mon ame enivrée,
Partagera votre bonheur.

ENSEMBLE.

FLORVILLE.	MAHAMET.
Bonheur suprême ;	Bonheur suprême ;
L'amitié même	L'amitié même
M'offre la liberté.	Vous rend la liberté.

MAHAMET.
Oui, Florville, volez sur les pas de Julie,
Et revenez bientôt avec elle en ces lieux,
Au sein de l'amitié resserrer de doux nœuds :
Faire votre bonheur est toute mon envie ;
C'est de votre rançon le seul prix que je veux.

FLORVILLE.
Disposez de mes jours, ami trop généreux
Vos bienfaits à jamais vivront dans ma mémoire.

MAHAMET.
Vous êtes mon ami, je me plais à le croire ;
A ce titre, lisez tout-à-fait dans mon cœur.
Si depuis quelques jours vous m'avez vû rêveur,

Si j'ai paru vous fuir, l'amour en est la cause.
Oui, j'aime, cher Florville, & j'aime avec fureur.
Hélas ! à quels dangers je sens que je m'expose !
Une nouvelle Esclave, arrivée en ces lieux
Depuis un mois, séduit & mon cœur & mes yeux.
Florentine est son nom, la France sa patrie ;
C'est la veuve, dit-on, d'un Officier Français.
  Lui consacrer le reste de ma vie,
Est maintenant le seul vœu que je fais.

FLORVILLE.

Eh ! quoi ! quitteriez-vous cette Circassienne,
A qui vous inspirez un si tendre transport ?

MAHAMET.

J'en rougis ; mais, hélas ! l'amour est le plus fort ;
Aucune passion n'est égale à la mienne :
Je sais à quels périls je me vais exposer.
Quand de son sort Zima va se trouver instruite,
Fière & vindicative, elle peut tout oser ;
Mais je suis entrainé. Quelle qu'en soit la suite,
L'estime avec Zima réglera ma conduite :
Que de son amitié mes bienfaits soient le prix.

FLORVILLE.

Faible ressource, hélas ! pour un cœur bien épris !
Les biens consolent-ils de perdre ce qu'on aime ?

MAHAMET.

Pour Florentine enfin mon amour est extrême ;
 Je ne puis plus revenir sur mes pas.

FLORVILLE.

L'amour, me disiez-vous, ne m'offre aucun appas
Je ne saurais trouver de beauté qui me plaise.

COMÉDIE.
MAHAMET.

Je n'avais pas encor rencontré de Française,
Vos femmes, par un art que l'on n'apperçoit pas,
Allument dans nos cœurs une subtile flamme,
Subjuguent à la fois, les yeux, l'esprit & l'ame;
C'est un je ne sais quoi d'intéressant & doux,
Dont votre pays seul peut fournir les modèles,
Que chercheraient en vain tous les climats jaloux:
L'art de plaire, je crois, fut inventé par elles.
Mais, dit-on, l'habitude, ou le soin de charmer,
Nuit souvent dans leur cœur au doux besoin d'aimer;
De grace, apprenez-moi comment pour la séduire,
Avec une Française il faudrait me conduire?

FLORVILLE.

Intéresser son cœur par des soins assidus,
L'amour vrai tôt ou tard la séduit & la touche;
Près d'elle ayez toujours, pour vaincre ses refus,
Le desir dans les yeux, le respect dans la bouche.

ARIETTE.

  Une Française est une fleur
  Qui s'embellit par la culture,
  Et qui répond avec usure
  Aux soins d'un bon cultivateur.
  A son haleine caressante,
  Zéphir la voit bientôt s'ouvrir;
  Mais si l'Aquilon la tourmente,
  Il la flétrit sans en jouir.

D'esclavage loin d'elle écartez toute idée.
  Par une estime assez fondée,

Dans son pays, son sexe y maitrise le mien ;
Nous lui cédons l'empire, & nous en trouvons bien.
Le cœur d'une Françaife est délicat, sensible ;
Qui le blesse une fois, n'y doit jamais compter.
Il veut donner des fers bien avant d'en porter.
　L'effaroucher, c'est le rendre invincible ;
On peut l'apprivoiser, mais jamais le dompter.

MAHAMET.

Moi ! la contraindre ! oh Ciel ! Mais vous, mon cher Florville,
Vous, qui me connaissez, quoi ! ne savez-vous pas
Qu'un hasard seul m'a fait Corsaire en cette Ville ?
Que des mœurs du pays je ne fais aucun cas ?
Que la liberté règne en mes petits États ?
Que j'ai banni sur tout ces coutumes fatales,
De partager son cœur entre plusieurs rivales ?
Que Florentine ici dispose de mes jours ;
S'il le faut, par l'hymen j'embellirai leur cours.

FLORVILLE.

Voilà des sentimens qui sont faits pour lui plaire.

MAHAMET.

Elle est sensible aux soins que mon amour lui rend ;
Mais elle fuit mes yeux, & s'obstine à se taire.

FLORVILLE.

Peut-être un peu d'audace est-elle nécessaire ;
On ne fuit pas les yeux d'un homme indifférent :
La bouche tait souvent ce que le cœur souhaite.
Il faut lui ménager, en Amant délicat,
Ses deux goûts dominans, la gloire du combat,
　　Et le plaisir de la défaite.

MAHAMET.

Je vous entends : brusquer un peu l'assaut.

COMÉDIE.

FLORVILLE.

Je vous le dis tout bas, mais je crois qu'il le faut :
On fait quelques essais qui ne peuvent pas nuire,
Faire naître en son cœur un trouble intéressant,
Être tout à la fois délicat & pressant,
Voilà tout le secret du grand art de séduire.

MAHAMET.

Il me vient une idée, & vous me servirez.
Avant de me quitter, tâchez, mon cher Florville,
De voir si dans son cœur l'accès m'est plus facile.
Vous nous verrez ensemble, & vous en jugerez :
Il se peut qu'avec vous elle ait moins de réserve ;
Parlez en ma faveur : votre amour vous préserve
Du danger d'être ici jaloux de mes progrès.
Prenez garde pourtant ; il ne faut rien vous taire ;
Cette Esclave est charmante. En voyant ses attraits,
Craignez qu'en vous l'amour ne lance tous ses traits,
Vous ne connaissez pas quel est mon caractère.

ARIETTE.

Pour mon ame douce & sensible,
L'amitié tendre a mille attraits.
J'aime à gouter, s'il est possible,
Le calme enchanteur de la paix :
Mais si quelqu'obstacle m'arrête,
Bientôt succède la tempête ;
Plus de repos, plus de bonheur,
  Mon sang s'allume,
Le feu qui me consume
Embrâse tout mon cœur,
Et le vent de la haine,
Qui bientôt se déchaîne,
  Y souffle sa fureur.

FLORVILLE.

Moi l'aimer ! Mahamet, ne l'appréhendez pas.
Quand on a le bonheur d'être aimé de Julie,
On peut voir, sans péril, tous les autres appas.

MAHAMET.

A l'amitié je me confie.
Je vais la prévenir, & reviens promptement.
Depuis son arrivée elle n'est pas sortie,
Mais je veux que bientôt sa présence chérie
Embellisse ces lieux de son aspect charmant.
Pour lui parler de moi, trouvez-vous y, de grace.

FLORVILLE.

Je vous dois trop pour vous rien refuser ;
Mais je sors un moment m'informer sur la place,
Si pour un prompt départ on peut tout disposer.
(*Il sort.*)

SCENE V.

MAHAMET, NARSIT.

NARSIT.

AH! Seigneur, ce Français va revoir sa Patrie,
Si vous vouliez combler vos bienfaits aujourd'hui,
Vous me permettriez de partir avec lui ;
Cette grace ferait le bonheur de ma vie.

MAHAMET.

Vous voulez me quitter ? D'où naît donc le desir
 Qu'en ce moment vous montrez pour partir?

NARSIT.

Tenez, s'il faut, Seigneur, parler avec franchise,
Votre amour en est cause. Il faut en convenir.

COMÉDIE.

La garde du ferrail va m'être encor commife ;
Si vous faviez combien je hais cet emploi-là ,
Il faudra furveiller Florentine & Zima ;
Ce fera chaque jour quelque fcène nouvelle ;
Elles vont fe haïr fi cordialement.
Deux femmes , dès qu'il faut difputer un amant ,
Font un bruit à tourner la meilleure cervelle ,
Et fur moi tombera tout le défagrément ;
Et puis cette Françaife a maintenant près d'elle
   Une fuivante aimable , jeune & belle ,
Qui , depuis fon féjour , a pris du goût pour moi ,
Et je voudrais la fuir fans lui dire pourquoi.
Je ne puis accepter l'honneur qu'on veut me faire.
La pauvre enfant m'infcrit au rang de fes amans ,
C'eft qu'elle ne fait pas qu'une loi , bien févère ,
A défendu l'hymen aux valets Mufulmans
La voici....

SCENE VI.

LISETTE, MAHAMET, NARSIT.

MAHAMET, à Narfit.

Soyez libre, il faut vous fatisfaire.
(*A Lifette.*)
Bonjour , ma belle enfant ; vous combler de bienfaits
Vous & votre maîtreffe eft mon unique affaire.
   Le plus ardent de mes fouhaits ,
C'eft qu'ici toutes deux vous paraiffiez vous plaire.
Florentine eft vifible ?

LE CORSAIRE,

LISETTE.

Oui, Monsieur le Corsaire.

MAHAMET.

Je vole à ses genoux oublier l'univers.

(*Il sort en faisant un signe gracieux à Lisette.*)

SCENE VII.

NARSIT, LISETTE.

LISETTE.

MA foi, dans ce pays l'on n'est pas fort à plaindre.
Je croyais qu'un Corsaire était un cœur pervers ;
Mais je vois qu'en ces lieux nous n'avons rien à craindre.
    Je me trouve à merveille ici :
Pour ma Maitresse, on a beaucoup de complaisance ;
Pour moi vous en avez marqué beaucoup aussi :
Mahamet me paraît brave homme, en conscience.
Vous le servez ; tel maître, tel valet.
Le proverbe a raison : cette maison me plait,
Et je ne trouve rien à regretter en France.

NARSIT.

Sans doute vous n'aimiez personne ?

LISETTE.

                      Mon Dieu ! non ;
L'amour m'a jusqu'ici semblé pure folie ;
Mais il ne faut de rien répondre dans la vie.
On trouve quelquefois l'écueil de sa raison
Sans s'en douter. Alors c'est chose assez jolie
D'aimer.... Qu'en pensez-vous ?

COMÉDIE.
NARSIT.
Oh ! mon opinion
Sur un pareil sujet est très-indifférente ;
Mais vous, pour n'aimer rien, vous êtes trop charmante.
LISETTE.
(*Bas.*)   (*Haut.*)
Il va se déclarer. Parlez-moi tout de bon :
Est-ce un plaisir d'aimer ? ou bien est-ce un délire ?
Les uns disent que oui, d'autres disent que non :
Je m'en rapporte à vous.
NARSIT.
Je ne puis trop vous dire.
Pour vous parler de bonne foi,
Personne là-dessus n'est moins instruit que moi.
LISETTE.
N'importe : on a toujours sur cela quelque idée.
(*A part.*)
Il est timide, il faut l'encourager.
NARSIT, *à part.*
Elle veut m'agacer : la chose est décidée ;
Dans quels discours elle va m'engager.
(*Haut.*)
Ce n'est pas tout d'aimer, le grand point est de plaire.
LISETTE.
On plait presque toujours, quand on aime vraiment.
Notre sexe, d'ailleurs, ne peut pas décemment
Faire les premiers pas ; c'est au vôtre à les faire.
NARSIT.
Eh bien ! je vois qu'il faut vous parler franchement....
Avant très-peu de tems.... je quitte cette Ville,
J'ai pris un nouveau Maître, & pars incessamment.
Le voici....

SCENE VIII.

NARSIT, FLORVILLE, LISETTE.

FLORVILLE.

Dieux! Lisette!

LISETTE.

O Ciel! Monsieur Florville.

FLORVILLE.

Que fait Julie? hélas!

LISETTE.

Elle est ici.

FLORVILLE.

Comment?

LISETTE.

Depuis un mois.... En route elle a cru très-utile,
Pour fuir de plus grands maux, de forger un roman.
Vous chercher à Tunis fut notre premier plan.
Florentine est le nom qu'elle a pris.

FLORVILLE.

Dieux! qu'entends-je?
Quel coup de foudre! ô ciel! pour mon cœur alarmé!
Et Mahamet m'a dit qu'il s'en croyoit aimé!
Je suis perdu.

NARSIT.

Quel désespoir étrange!

FINALE.

FLORVILLE.

O sort funeste!
Il ne me reste

COMÉDIE.

Que le destin le plus fatal.
Cruelle confidence !

NARSIT & LISETTE.

Seigneur, plus de prudence.
Il va venir.

FLORVILLE.

Tout m'est égal.

NARSIT.

Calmez votre courroux,
Mahamet peut entendre,
Contraignez-vous.

FLORVILLE.

Je la perdrais. Contraignons-nous.
Quel sort pour un cœur tendre.

LISETTE & NARSIT.

O mon cher Maître, appaisez-vous,
Nous vous servirons tous.

FLORVILLE.

La voilà. Ciel ! ah ! comment faire
Pour cacher le trouble où je suis.

LISETTE.

Contraignez-vous, il faut vous taire,
Je l'en instruirai si je puis.
La voilà....

SCÈNE IX.

Les Mêmes, MAHAMET, FLORENTINE.

MAHAMET.

Charmante Florentine,
Régnez en ces beaux lieux.
Au fort qu'on vous deſtine,
Accoutumez vos yeux.

LISETTE, à Julie, tandis que Mahamet va du côté de Florville.

Oui, c'eſt Florville votre amant;
Mais ſongez à vous taire.
Il eſt perdu ſans ce myſtère.
Contraignez-vous pour un moment.

JULIE.

Quel tourment de ſe taire.

MAHAMET.

Qu'en voyant ce Français;
De vous trouver enſemble,
Vos cœurs ſoient ſatisfaits.

TOUS.

Ah! quel moment! Je tremble....

MAHAMET, à Florville.

Vous le meilleur de mes amis,
  Voici l'inſtant propice.
A l'amitié rendez juſtice,
Parlez pour moi, vous me l'avez promis.

FLORVILLE.

COMÉDIE.

FLORVILLE.

Son ami ! quel supplice !

TOUS.

Ah ! quel moment ! Contraignez-vous.

FLORVILLE, *à Julie.*

Aimable Florentine,
Vous voyez près de vous
L'amant qui vous destine
Un sort aimable & doux.

FLORENTINE.

La triste Florentine
Ne hait plus tant ces lieux ;
Le sort qu'on lui destine
Blesse bien moins ses yeux.

MAHAMET.	FLORVILLE.	LISETTE & NARSIT.
		(Ironiquement.)
En ma faveur elle s'explique,	Est-ce pour moi qu'elle s'explique ?	Oui, c'est pour lui qu'elle s'explique.
Vous l'entendez ! ah ! quel plaisir.	Je ne puis le saisir.	

MAHAMET, *à Florville.*

Parlez-lui donc encore.
Vous n'êtes pas assez pressant,
Dites-lui qu'on l'adore,
Que son cœur soit content.

LISETTE, *à Julie.*	NARSIT, *à Florville.*
Parlez-lui donc encore,	Parlez-lui donc encore,
Dites lui qu'on l'adore,	Dites lui qu'on l'adore,
Que son cœur soit content.	Que son cœur soit content.

FLORVILLE, *s'oubliant & se jettant à genoux.*

J'ose jurer pour votre amant
Qu'il est toujours tendre & sincère.

B

LE CORSAIRE,

MAHAMET.

Oh! s'il vous plaît, tout doucement,
Ce rôle-là je le puis faire.

JULIE.	**FLORVILLE.**
Je ne puis plus me taire.	Je ne puis plus me taire.
LISETTE.	**NARSIT.**
Contraignez-vous.	Contraignez-vous.

TOUS.

Ah quel moment!

MAHAMET.

Oui, je jure que votre amant
Sera toujours tendre & sincère.
A vos genoux, recevez son serment.

SCÈNE X.

ZIMA, LES PRÉCÉDENS.

ZIMA.

Quoi! c'est ainsi, parjure,
Que tu trahis ma foi.
Que t'ai-je fait, perfide? réponds-moi,
Pour une telle injure.

TOUS.

Ah! quel courroux!....

MAHAMET.

Fuyons, aimable Florentine,
Je saurai bien vous délivrer
D'une rivale trop chagrine
Qui doit ici vous révérer.

(*Il sort avec Florentine.*)

SCENE XI.

ZIMA, NARSIT, FLORVILLE, LISETTE.

ZIMA.

Fuis, cœur barbare;
Mais la fureur s'empare
De tous mes sens jaloux.

NARSIT, LISETTE, FLORVILLE.

Appaisez-vous, écoutez-nous.

ZIMA.

Sur ma rivale & son perfide amant,
Je saurai bien signaler ma vengeance.

FLORVILLE.

Dieux! que dit-elle? & quel nouveau tourment?
Daignez nous entendre un moment.

ZIMA.

Je n'entends rien.

FLORVILLE.

Un seul moment.

NARSIT.

Que votre colère s'appaise:
Unissons-nous; mais en secret
Rendez-nous l'Esclave Française,
En l'enlevant à Mahamet.

ZIMA.

Dans mon cœur quel espoir renaît;
Quoi! vous serviriez mon projet?

FLORVILLE.

Nous servirons votre projet.

ZIMA.

J'éloignerai cette Française ;
Mais vous me jurez le secret ?

TOUS.

Oui, nous vous jurons le secret.

ZIMA.

D'ici l'on peut entendre ;
Pour concerter notre projet,
Ailleurs il faut nous rendre.
Gardons bien le secret.

TOUS.

Rien n'est perdu peut-être,
Et le présage en est bien doux;
Je sens l'espoir renaître ;
L'amour va travailler pour nous.

Fin du premier Acte.

ACTE II.

SCENE PREMIERE.
FLORVILLE, LISETTE.

LISETTE.

EH bien! Monsieur, pour la seconde fois
Vous venez, je le sais, d'entretenir Julie;
Êtes-vous satisfait?

FLORVILLE.

Non, Lisette; tu vois
Un homme au désespoir.

LISETTE.

Quelle bisarrerie!

FLORVILLE.

Le plaisir de la voir est encor le seul bien
Qu'ait pû me procurer ce nouvel entretien;
Mais crois-tu que ce soit un assez long martyre
De ne pouvoir se parler sans témoin,
Et lorsque l'on aurait mille choses à dire?
De résister sans cesse à ce pressant besoin,
Que deux cœurs bien épris auraient de se confondre?

Enfin, d'être si près du bonheur & si loin,
Je crois, qu'elle pouvait autrement me répondre ?
L'amour fait, en dépit des témoins indiscrets,
A des amans contraints prêter son éloquence.
Deux cœurs vraiment épris font parler leur silence.
L'art de toujours s'entendre est un de ces secrets
Dont les cœurs délicats devinent la science ;
Mais ce qu'en ma faveur je pourrais expliquer,
A mon rival aussi paraissait s'appliquer.

LISETTE.

Délivrez-vous, Monsieur, de cette inquiétude :
De son amour pour vous j'ai des garans bien sûrs.

FLORVILLE.

Que l'on nous réunisse, & je fais mon étude
De lui porter alors des sentimens plus purs :
Mais, ma chère Lisette, il faut que cette lettre
Par toi lui soit remise & parvienne en ses mains.
Par elle, je l'instruis de nos secrets desseins.
Tâche de la voir seule, & de la lui remettre.
Je vais tout disposer pour un départ prochain.

LISETTE.

Je la lui remettrai, soyez-en bien certain.
(Florville sort.)

SCENE II.

LISETTE, *seule*.

Comme ils s'aiment tous deux ! mais Narcis ne vient guères.
Il paraît m'éviter, & c'est précisément
Ce qui me pique au jeu. Nous aimons qu'un amant
S'écarte quelquefois de la route ordinaire.
Qu'il ne s'attende pas qu'il pleuve à tout moment
Soubrettes comme moi, possédant l'art de plaire.
Non, Monsieur le faquin ; je vous trouve à mon gré :
Vous m'aignerez, sinon... je... me consolerai.
Je conçois que l'hymen peut paraître assez drôle,
Que c'est un passe-tems joliment inventé ;
   Mais point d'amour, s'il détruit la gaîté ;
C'est par-là que je plais, & je garde mon rôle.

AIR.

Premier Couplet.

On se presse toujours trop tôt
En desirant le mariage.
C'est un mot qui plaît au jeune âge.
Mais fille s'en repent bientôt,
   Et d'un air tout sot,
  Dit, lorsque son choix n'est pas sage ;
La chose ne vaut pas le mot.

LE CORSAIRE,

SECOND COUPLET.

Notre destin dépend d'un mot,
Mot sacré qui de nous dispose.
C'est le mot qui mène à la chose,
Fille dont l'honneur est le lot
    N'avance pas trop ;
On ne doit jamais, & pour cause,
Risquer la chose avant le mot :

TROISIÈME COUPLET.

Mais quand on trouve ce qu'il faut
Pour être heureuse en mariage,
Dans le mot tout plaît, tout engage,
Le cœur s'en apperçoit bientôt,
    Et chante tout haut
En chérissant son esclavage :
La chose vaut mieux que le mot.

SCENE III.

NARSIT, LISETTE.

NARSIT.

Comme vous dégoisez !

LISETTE.

C'est que je suis contente.

NARSIT.

Je viens de m'occuper de l'affaire importante
Dont m'a chargé Florville aussi bien que Zima,
  Sur un vaisseau j'ai retenu nos places.

COMÉDIE.
LISETTE.
Tout me paraît aller bien jusques-là.
NARSIT.
Si Julie y consent.
LISETTE.
Elle y consentira :
Le tout est d'empêcher qu'on découvre nos traces ;
Mais je le crois aisé ; parlons un peu de nous.
NARSIT.
(*A part.*)   (*Haut.*)
Ah ! voilà la chanson. Eh bien ! que voulez-vous ?
LISETTE.
En France il est pour nous un très-plaisant usage ;
C'est que quand la maîtresse épouse son amant,
La soubrette au valet tombe alors en partage.
Que pensez-vous de cet arrangement ?
NARSIT.
Je dis qu'en France il doit avoir son agrément.
Mais s'il faut parler net, tenez, Mademoiselle....

DUO.

NARSIT.
Quand j'aimerais, en vérité,
Je ne pourrais jamais vous plaire.
LISETTE.
Si vous m'aimiez, en vérité,
Pourquoi craindre de ne pas plaire.
NARSIT.
Vous avez talent & beauté.
LISETTE.
Vous avez bien de la bonté.

NARSIT.

Œil séduisant, charmant visage,
Souris fripon, joli corsage.

LISETTE.

Vous avez bien de la bonté.

NARSIT.

Mais....

LISETTE.

Quoi....

NARSIT.

S'il ne faut rien vous taire.

LISETTE.

Eh bien!

NARSIT.

C'est....

LISETTE.

C'est....

NARSIT.

C'est qu'en vérité.

ENSEMBLE.

NARSIT.	LISETTE.
Laissons cela, c'est un mystère,	Mais pourquoi donc tout ce mystère,
Je ne pourrai jamais vous plaire	Pourquoi craindre de me déplaire.

LISETTE.

Vous êtes trop modeste aussi.

NARSIT.

Je me connais.

LISETTE.

Quelle folie!
Je m'y connais.

NARSIT.

Eh non! ce n'est pas modestie.

COMÉDIE.

LISETTE.
Vous avez esprit & gaité.

NARSIT.
Vous avez bien de la bonté.

LISETTE.
Joli maintien, taille légère,
Regard malin,
Enfin
Tout ce qu'il faut pour plaire.

NARSIT.
Oh! vous avez trop de bonté.

ENSEMBLE.

NARSIT.	LISETTE.
Non, non, jamais je ne pourrai vous plaire,	Oui vous avez tout ce qu'il faut pour plaire
C'est trop d'honneur en vérité.	Oui, je vous dis la vérité.

LISETTE.
Quoi! vous n'avez pour moi pas même d'amitié?

NARSIT.
De grace, laissez-moi mon secret par pitié.
Informez-vous des mœurs & d'Afrique & d'Asie.
Ici, par une loi qui vient de Barbarie,
Le maître épouse trop, le valet point du tout.

LISETTE.
On n'est pas à ces loix sujet dans ma Patrie.

NARSIT.
Excusez-moi la loi me suit par-tout.

LISETTE.
Vous m'impatientez,

NARSIT.
Je n'en suis pas le maître.

LISETTE.

Je suis bien folle au fond de tant me tourmenter.
Je vous laisse deux jours pour vous bien consulter;
   Vous vous raviserez peut-être.
C'est-là mon dernier mot. Après quoi, tout est dit.
Adieu, nigaud.
   (*Elle sort, en chantant.*)

SCENE IV.

NARSIT, *seul*.

Elle est toute charmante !
Que ces femmes de France ont de grace & d'esprit !
Voici Zima, son chagrin la tourmente.

SCENE V.

NARSIT, ZIMA.

ZIMA.

J'attends en vain, Florville ne vient pas :
J'ai besoin de le voir. Narsit, daigne, de grace,
L'avertir sur le champ.
  NARSIT.
   J'y cours tout de ce pas.
    (*Il sort.*)

SCENE VI.

ZIMA, seul.

Par où me suis-je donc attiré ma disgrace ?
O Mahamet, ce cœur, quand tu trahis ta foi,
Fait encor son bonheur de vivre sous ta loi.

ARIETTE.

    Pour un ingrat qui m'abandonne,
    Je sens encor mon cœur s'ouvrir,
    Un seul instant de repentir,
    Et je sens que je lui pardonne ;
    Mais si par un cruel refus
    Il blesse mon ame allarmée ;
    Plus de pitié, de regrets superflus ;
    Il me verrait à le perdre animée.
    C'est un malheur de n'être point aimée ;
    C'est un affront que de ne l'être plus.

Oui, commençons toujours par éloigner l'obstacle,
Dont la présence ici s'oppose à mon dessein.
Tout est bien disposé.

SCENE VII.

FLORVILLE, ZIMA.

FLORVILLE.

Madame, puis-je enfin
Espérer que l'amour pour nous fasse un miracle.

ZIMA.

Je me crois à présent certaine du succès ;
A me servir j'ai des agents tous prêts.
Par un bonheur auquel j'étais loin de m'attendre,
Mahamet a formé le projet, pour ce soir,
D'un voyage qu'il est obligé d'entreprendre,
    Et sur lequel est fondé mon espoir.
Sa maniére de vivre excite ici l'envie ;
Un Corsaire Afriquain auquel il m'a ravie,
Sourdement dans Alger conspire contre lui.
Des espions secrets l'instruisent aujourd'hui
Qu'il se trame un complot d'attenter à sa vie.
Il court ce soir au *Dei* demander de l'appui ;
Voilà l'instant d'agir, nous n'avons rien à craindre.

FLORVILLE.

A le tromper ainsi pourrai-je me contraindre ?

ZIMA.

Votre délicatesse est étrange, vraiment,
Osez-vous balancer ? quel scrupule est le vôtre.
Sur l'heure assurez-moi d'un prompt consentement,

COMÉDIE.

Ou de mes intérêts je vais charger un autre,
Et craignez tout alors de mon ressentiment.

FLORVILLE.

Dieux ! je perdrais Julie ! ah ! prenez sur mon ame
Un empire absolu : qu'exigez-vous, Madame ?

ZIMA.

Que vous disparaissiez sans perdre un seul moment.
Je vais chez Florentine afin de l'en instruire.
Sitôt que Mahamet m'en laissera l'instant,
Sous ma fenêtre ici je la ferai conduire,
  Et sur le port un vaisseau vous attend.
Adieu, profitons bien de cette nuit heureuse.
      (*Elle sort.*)

SCENE VIII.

FLORVILLE, *seul.*

MA situation est-elle assez affreuse ?
J'ose trahir celui qui m'a comblé de biens.
Il veilla sur mes jours, j'empoisonne les siens.
Ah ! mon plus grand tourment est d'ignorer encore
Si Julie est toujours sensible à mon amour.
Qui sait si tous les soins d'un rival qui l'adore
N'auront pas à son cœur inspiré du retour.
Ciel ! le voici.

SCENE IX.

MAHAMET, FLORVILLE.

MAHAMET, *très-gaiment*.

C'EST vous que je cherche, Florville,
Je viens vous embrasser comme mon bienfaiteur.

FLORVILLE.

Moi ! comment donc ?

MAHAMET.

Je vous dois mon bonheur,
J'ai suivi vos conseils... L'esclave est plus docile.

FLORVILLE, *à part*.

Mes conseils ! que dit-il ?

MAHAMET.

J'ai, grace à vos avis,
La route de son cœur; & de ma vive flamme
Un hymen solemnel sera bientôt le prix.

FLORVILLE, *à part*.

Ah ! par sa confidence il déchire mon ame.

MAHAMET.

Ecoutez à peu près comme je m'y suis pris.

DUO.

MAHAMET.

Tantôt en vous quittant,
Chez elle en tête à tête,

J'ai

COMÉDIE.

J'ai cru trouver l'instant
D'assurer ma conquête :
N'en eussiez-vous pas fait autant ?

FLORVILLE.

Oui, je le crois, oui, tout autant ;
Mais, poursuivez, je vous supplie.

MAHAMET.

Oui, tout autant, je le parie ;
Oui, vous en auriez fait autant.

MAHAMET.

J'ai juré que jamais près d'elle
Ne s'éteindraient d'aussi beaux feux ;
Que d'hymen la chaine plus belle
Allait serrer de si doux nœuds.
N'en auriez-vous pas fait autant ?

FLORVILLE.

Oui, &c.

MAHAMET.

Oui, &c.

MAHAMET.

J'ai vu sur sa bouche un sourire,
Puis un soupir s'est échappé :
Soupirer tendrement, sourire,
On sait assez ce que cela veut dire !

FLORVILLE.

Soupirer tendrement, sourire ;
Cela ne veut encor rien dire.

MAHAMET.

A ses genoux je suis tombé.

FLORVILLE.

A ses genoux ! Ah ! quel martyre !

MAHAMET.

J'ai pressé tendrement sa main.

C

LE CORSAIRE,

FLORVILLE.
Ah! quel supplice. Eh bien!

MAHAMET.
Eh bien!
Son embarras était extrême,
J'ai cru voir palpiter son sein....

MAHAMET.
Je suis sûr qu'elle m'aime.
Mon bonheur est certain.

FLORVILLE.
Se peut-il qu'elle l'aime ?
Mon malheur est certain.

FLORVILLE.
De son amour pour vous elle a donc fait l'aveu !

MAHAMET.
Pas tout-à-fait encor ; mais il s'en faut si peu.

FLORVILLE, à part.
Chaque mot dans mon cœur plonge un poignard perfide.

MAHAMET.
Un reste de pudeur semblait l'envelopper ;
Mais je l'appercevais tout prêt à s'échapper ;
Il expirait sur sa bouche timide,
Quand Lisette a rompu l'entretien plein d'appas.

FLORVILLE.
Ah ! je respire encor.

MAHAMET.
Ne vous affligez pas,
Mon triomphe est certain, ou, du moins, je m'en flatte,
Et comme vous disiez, brusquant le dénouement....

FLORVILLE.
Prenez garde qu'un pas fait mal-adroitement,
Quand une femme a l'ame délicate,
Peut, loin de le hâter, reculer le moment.

COMÉDIE.

MAHAMET.
Mais vous me conseilliez tantôt différemment ?

FLORVILLE.
Tantôt, je n'avais pas encor vu Florentine :
J'ai de fortes raisons de penser autrement.
Laissez-moi la revoir.... Souffrez que j'examine....

MAHAMET.
Non, mon ami, craignez un tel écueil ;
Ne vous exposez plus au danger d'un coup-d'œil,
Qui vous fasse oublier....

FLORVILLE.
    Qui ? Moi ! moi, que j'oublie....
Plus je vois Florentine, & mieux je sens, hélas !
  Que mon destin est d'adorer Julie.

MAHAMET.
Eh bien ! fuyez ces lieux, & volez sur ses pas :
Je ne vous retiens plus, ce serait injustice.
Quittez-moi, je le veux ; c'est pour vous un supplice
De voir l'amour heureux, quand vous ne l'êtes pas.
Mais comme je connais l'état de vos affaires,
Acceptez, sans rougir, ces lettres de crédit.
  Toutes nos Mers sont pleines de Corsaires,
Vous les braverez tous avec ce sauf-conduit.

FLORVILLE, à part.
Quel cœur ! & j'oserais trahir sa confiance,
   Quand il m'accable de bienfaits !
Non, je ne puis, je vais lui dire mes secrets.

MAHAMET.
Je vous trouve rêveur, inquiet.

FLORVILLE.
    Ah ! je pense

C 2

Qu'en touchant au bonheur, on peut en être loin.
Je vais chercher Julie avec le plus grand soin :
Je veux qu'à la trouver le hasard me destine ;
Mais si de mon malheur, forcé d'être témoin,
Je la trouvais esclave, ainsi que Florentine,
    En la voyant, qui ne l'aimerait pas ?

MAHAMET.

Une forte rançon vous tirerait d'affaire.
Et je m'en chargerai, soyez sans embarras :
L'argent, plus que l'amour, séduit un cœur Corsaire.

FLORVILLE.

Mais, enfin, si l'amour l'attachait à ses pas ?

MAHAMET.

Il faudrait avec feu réclamer votre amante ;
Tout le monde n'a pas cette humeur violente,
Ce caractère altier, indomptable, fougueux,
Qui me rend, lorsque j'aime, intraitable & barbare ;
Ce serait, je l'avoue, un soin infructueux
D'employer avec moi cette franchise rare ;
Car jamais un rival ne pourrait m'échapper.

FLORVILLE, *à part*.

Dieux ! j'allais me trahir ! il faut donc le tromper !

MAHAMET.

Mais il est peu de gens, je crois, qui me ressemblent.
Après tout, cependant, si pour votre tourment,
Les mêmes incidens par hasard se rassemblent,
Votre plus court parti c'est de tromper l'amant.

FLORVILLE.

Vous me conseilleriez d'user de stratagême.
Parlez comme pour vous.

MAHAMET.

       Je le ferais moi-même.

On s'excuse de loin quand on a réussi.
FLORVILLE.
Vous m'obligez beaucoup en me parlant ainsi.
MAHAMET.
Pourquoi d'avance aussi se forger des chimères ?
Bannissez promptement vos craintes sur ce point.
Faites pour le départ vos apprêts nécessaires,
Et, si vous m'en croyez, ne le différez point.
FLORVILLE.
C'est mon intention, & dès cette nuit même...
MAHAMET.
Cette nuit, c'est fort bien ; en ce cas je prétends
Donner à l'amitié tous ces derniers instans.
Je ne vous quitte plus.
FLORVILLE, *à part.*
Quel embarras extrême !
(*Haut.*)
Quoi ! vous voulez....
MAHAMET.
Je veux pour vous voir plus long-tems,
Jusques sur le vaisseau moi-même vous conduire.
FLORVILLE, *à part.*
Les contre-tems exprès semblent se reproduire ;
(*A Mahamet.*)
Mais, vous devez, dit-on, vous embarquer ce soir.
MAHAMET.
Non, ce n'est que demain : le *Dei* sait m'y contraindre,
Son ordre que voici m'en prescrit le devoir.
De hâter mon départ, si j'ai cru devoir feindre,
C'est pour tromper Zima ; son jaloux désespoir
Par d'indiscrets éclats m'ôterait le pouvoir,

Avant de m'éloigner, d'employer, à mon aise,
Un tems très-précieux auprès de ma Françaife.

FLORVILLE, à part.

Ciel! il découvrira le complot projeté.

MAHAMET.

Qu'avez-vous donc? Vous femblez agité.

FORVILLE.

Ecoutez, Mahamet, les adieux font pénibles;
Daignez les épargner à deux cœurs trop fenfibles.

MAHAMET.

Soit. Auffi bien je ne veux, en ce lieu,
D'un départ fuppofé défabufer perfonne.
Il faut donc, malgré moi, que je vous abandonne;
Mais nous nous reverrons bientôt j'efpère... Adieu.
Ma confolation doit être auffi la vôtre.
Oui, félicitons-nous chacun à notre tour
De ce qu'en nous quittant nous paffons l'un & l'autre
Des bras de l'amitié dans les bras de l'amour.

(Il fort.)

SCENE X.

FLORVILLE, feul.

Il faut donc le trahir malgré moi... Mais je tremble.
A me contrarier tout confpire aujourd'hui.
Et Julie & Zima font à préfent enfemble.
S'il allait découvrir... Non, il rentre chez lui.
Ah! Julie, à me fuivre avez-vous confenti:

COMÉDIE.

Chaque inftant qui s'écoule eft un nouveau fupplice ;
Mais la nuit s'obfcurcit & me parait propice.

FINALE.

Que le tems dure, hélas !
A mon impatience.
Tout eft dans le filence :
Zima ne paraît pas.
Toi que mon cœur adore,
Dois-tu tarder encore
A voler dans mes bras.

SCENE XI.

ZIMA *sur le balcon*, FLORVILLE.

ZIMA.

St, ft, êtes-vous prêt ?

FLORVILLE.

Eft-ce Zima ?

ZIMA.

C'eft elle-même.
Tout eft prêt pour votre projet.

FLORVILLE.

Elle y confent. Bonheur extrême ;
Je vais revoir tout ce que j'aime.

ENSEMBLE.

Tout fuccède à nos vœux :
Nous allons être heureux.

LE CORSAIRE,

FLORVILLE
J'entends du bruit.

ZIMA.
C'est l'Esclave Française
Qu'ici l'on vous conduit :
Profitez à votre aise
Des ombres de la nuit.

ENSEMBLE.
Moment flatteur. Ah ! quel bonheur.

FLORVILLE.
Je vole au-devant d'elle :
Ah ! Julie, est-ce vous ?

SCÈNE XII.

LES PRÉCÉDENS, MAHAMET, TROUPE D'EUNUQUES ET DE GARDES.

MAHAMET.
Non, non, ce n'est pas elle ;
Tremble, ingrat, infidèle,
Redoute mon courroux.

(A sa Troupe.)
Qu'on le saisisse,
Qu'on obéisse,
Qu'il soit puni.

FLORVILLE & ZIMA.
Oh ! Ciel ! on m'a trahi.

COMÉDIE.

FLORVILLE.

Que t'ai-je fait, barbare ?
Quel délire s'empare
De ton cœur endurci ?

MAHAMET.

Tu m'as trahi.

Chœur.

On l'a trahi.
Je suis trahi.
Tu l'as trahi.

MAHAMET.

Dans ce billet que j'ai surpris,
J'ai vu ton coupable artifice ;
Tu vas en recevoir le prix.
  Qu'on le saisisse, &c.

Chœur.

  Qu'on le saisisse, &c.

MAHAMET.

Me ravir ce que j'aime !
M'enlever tout mon bien !
Mon désespoir extrême
Ne voit, n'entend plus rien.

FLORVILLE.

M'enlever ce que j'aime,
Me ravir tout mon bien,
C'est ton crime à toi-même ;
Ce forfait est le tien,
Cruel ! c'est ma Julie,

LE CORSAIRE.

MAHAMET.
Ma jalouse furie
Ne voit, n'entend plus rien;

FLORVILLE.
Dans ta fureur extrême,
Épargne ce que j'aime;
Je subirai la mort.

MAHAMET.
Dans ma fureur extrême,
L'objet que ton cœur aime,
Partagera ton sort.

(*A sa Troupe.*)

Je n'entends rien : plus de clémence ;
Je ne respire que vengeance.
Obéissez.

(*On emmene Florville.*)

CHŒUR.
Quel triste sort !

Fin du second Acte.

(*L'entr'Acte doit être rempli par un orage, pendant lequel Julie, Narsit & Lisette doivent paraître dans le fond du Théâtre, gravissant des rochers éloignés.*)

ACTE III.

Le Théâtre représente un endroit isolé entre des rochers. Dans le fond du Théâtre, on doit appercevoir la mer d'un côté, & les murs d'Alger de l'autre. Une espèce de grotte naturelle sur le devant de la Scène.

SCENE PREMIERE.

LISETTE, JULIE, NARSIT.

JULIE.

Arrêtons un moment. La fatigue & l'orage
Ont accablé mes sens, affaibli mon courage.

NARSIT.

Grace aux soins de Zima, nous voici près du port.

LISETTE.

L'orage est appaisé, ne craignons rien, Madame.

JULIE.

Florville en cet instant occupe seul mon ame ;
Que fait-il ? Que ne suis-je instruite de son sort ?

LE CORSAIRE,

LISETTE.

Madame, prévenons de nouvelles disgraces.

NARSIT.

Le vaisseau, sur lequel on a marqué nos places,
Doit partir ce matin; Madame, sauvons-nous.

LISETTE.

Mahamet peut encore envoyer sur nos traces:
Redoutons les fureurs de ce rival jaloux.

NARSIT.

S'il a pû par malheur revenir tout de suite,
Il doit être à présent instruit de votre fuite.
Partons.

JULIE.

Partir! O Ciel! que me conseillez-vous?

ARIETTE.

Qui, moi, quitter ce que j'adore!
Qui, moi, trahir les sermens que j'ai faits!
Par le plus lâche des forfaits.
Cessez de m'en parler encore,
Non, non, ne l'espérez jamais.
Indigne de pardon
Déjà je crois entendre
Sa voix plaintive & tendre
Me reprocher ce cruel abandon.
Non, ne crains pas que je t'oublie.
Ton cœur, Florville, est tout mon bien.
Sans toi que me ferait la vie?
L'amour fait à mon cœur donner de l'énergie:
Mon sort est de suivre le tien.

COMÉDIE.

Je ne partirai pas que je ne sois instruite.
O vous, si vous m'aimez, partagez mon desir;
Sachez ce qui se passe, & venez m'avertir.
La nuit vous favorise, & mon ame interdite
Ne peut plus endurer le trouble qui l'agite.
Cette espèce de grotte, en son réduit obscur,
M'offre pour le moment un asyle assez sûr :
Vous m'y retrouverez.

LISETTE.

Comptez sur notre zèle.

SCENE II.

LISETTE, NARSIT.

LISETTE.

» Voila ce qui s'appelle un amour bien touchant.

NARSIT.

» Oui, très-touchant, Mademoiselle.

LISETTE.

» Venez-vous avec moi ?

NARSIT.

» Vraiment oui, sur le champ.

LISETTE.

» Et vous n'avez pas peur de ce doux tête à tête.

NARSIT.

» Eh ! pourquoi, s'il vous plaît, pourrais-je en avoir peur ?

LISETTE.

» Que sais-je ? Vous semblez dédaigner ma conquête.
» Le mot d'amour chez vous alarme la pudeur.

Les Vers guillemetés se passent à la Représentation.

NARSIT.

» Pudeur n'est pas le mot. Vous me croyez tout autre :
» Avec vous ma vertu ne craint pas de danger.
» Et ne me quittez pas je réponds de la vôtre.

LISETTE.

» Allons ; ce n'est pas là le moment d'y songer ».
Venez, des bons valets la perle & le modèle,
Des loix de son pays observateur fidèle.
Allez ; ne craignez rien, je les respecte fort.

(*Ils sortent.*)

SCENE III.

FLORVILLE *enchaîné*, UN CORSAIRE AFRICAIN.

FLORVILLE.

OU me conduisez-vous ? Daignerez-vous m'apprendre
Qui vous a confié mon déplorable sort,
Et ce qui vous inspire un intérêt si tendre.

L'AFRICAIN.

Jurez-nous le secret, vous allez tout entendre.

FLORVILLE.

(*A part.*)   (*Haut.*)
Feignons pour nous instruire. Oui, je vous le promets.
Puisque ma délivrance est un de vos bienfaits,
Vous devez être sûr de ma reconnaissance.

L'AFRICAIN.

Mahamet contre vous signalait sa vengeance,
Et vous faisait conduire hors d'Alger, dans des lieux

COMÉDIE. 47

Où l'on vous préparait des travaux odieux.
Mes espions gagés, à tems, ont su m'instruire.
L'escorte par laquelle il vous faisait conduire,
Séduite à prix d'argent, a servi mes desseins.
C'est elle qui vous a remis entre mes mains.
Mahamet, comme à vous, jadis m'a fait l'injure
De me ravir Zima l'objet de mon amour.
Un intérêt commun nous unit en ce jour.
J'ai des moyens tous prêts de punir un parjure.
Le moment est venu de nous venger de lui.

FLORVILLE.

Et comment ?

L'AFRICAIN.

Je suis sûr de mon fait aujourd'hui :
Une lettre du *Dei* l'oblige de se rendre
Ce matin sur le port où nous pourrons l'attendre.
Sa garde m'est vendue, & fuit au premier mot.
Sur mon bord je l'entraine en esclave, & bientôt
Nous volons au serrail, bien armés l'un & l'autre,
Enlever, à la fois, ma maitresse & la vôtre.

FLORVILLE.

Dieux ! que me dites-vous ? Tous mes sens sont surpris.

L'AFRICAIN.

Aidez-nous, & vos fers tomberont à ce prix,
Ou j'use de mes droits sur vous & sur Julie.

FLORVILLE.

(*A part.*)   (*Haut.*)
Il faut dissimuler. Eh bien ! soit, j'obéis.
Je sens bien qu'aujourd'hui même intérêt nous lie.
J'accepte le moyen que vous venez m'offrir.

Armez ma main d'un fer; cédez à mon envie;
Je fais l'usage auquel je le ferai servir.

L'AFRICAIN.

Dès que l'instant sera propice
Un coup de pistolet vous servira d'indice.
Le lieu du rendez-vous, près du port, sur le pré.
Promettez-vous d'y venir.

FLORVILLE, *avec assurance.*

J'y viendrai.
(*On lui ôte les fers.*)

L'AFRICAIN.

Ce jour verra punir notre commune injure.
Je vous attends; j'y compte, & ma vengeance est sûre.
(*Il sort.*)

SCENE IV.

FLORVILLE, *seul.*

Quel complot! hommes vils, non, ne vous flattez pas
Qu'une telle vengeance ait pour moi des appas.
Que d'assauts! Je succombe à mon inquiétude.
O ma chère Julie! hélas! quel est ton sort!

SCENE V.

SCENE V.

JULIE, *paraissant dans l'enfoncement de la Grotte ;*
FLORVILLE.

JULIE.

Personne ne revient, & cette solitude,
A mon cœur affligé, semble porter la mort.
(*Ils s'asseoient tous deux aux côtés opposés du théâtre sans se voir.*)

DUO, en sourdine d'abord.

FLORVILLE.
Loin de l'objet, si cher à mon cœur,
Je ne jouis pas de la vie.

JULIE.
Loin de l'objet, si cher à mon cœur,
Je ne jouis pas de la vie.

ENSEMBLE.
Si ta tendresse m'est ravie,
Il n'est plus pour moi de bonheur.

FLORVILLE.
Chut, je crois entendre du bruit.

ENSEMBLE.
Dans les ombres de cette nuit,
Ah ! de frayeur mon cœur palpite ;
Tout l'inquiète, tout l'agite.

LE CORSAIRE,

JULIE.

Ah! je tremble.

(*Ils se touchent. Julie jette un cri.*)

FLORVILLE.

Dieux! quels accens
Ont pénétré mes sens.

ENSEMBLE.

FLORVILLE.   **JULIE.**
Ah! Julie,   Ah! Florville,

Est-ce toi,
Que je revoi?
Cher objet de ma flamme,
Tu rassures mon ame.
Je te revois; je ne crains rien :
Quel bonheur est égal au mien.

JULIE.

Ah! cher amant, c'est toi que je presse en mes bras.

FLORVILLE.

Auprès de toi je brave le trépas.

ENSEMBLE.

Non, non, rien ne pourra m'arracher de tes bras.

FLORVILLE.

Je te revois après tant de pleurs, de contrainte;
Idole de mon ame, ai-je dû l'espérer?
Des mains de Mahamet qui t'a pû délivrer?

JULIE.

Je dois tout à Zima. Dans la plus vive crainte
Mahamet en rentrant avait plongé mon cœur,

Quand ta lettre surprise alluma sa fureur.
Je disposais gaiment les apprêts de ma fuite,
Comme par ton billet tu m'en avais instruite.
    Nous le croyions loin d'Alger, & déja
    Pour t'avertir je t'envoyais Zima.
Mahamet me surprend : ta lettre fit ma perte ;
Il la voit, il la lit, puis d'un air furieux,
    M'enferme & sort la rage dans les yeux.
Zima, qui voit bientôt l'intrigue découverte,
Profite adroitement d'un instant précieux,
Dans mon appartement pénètre à force ouverte :
Rien n'est encor perdu ; vous pouvez fuir ces lieux,
Dit-elle ; sur le port souffrez qu'on vous conduise ;
Je viens de voir sortir l'ingrat qui me méprise.
Je me laisse entraîner, Narsit guide mes pas.
    Malgré les vents, les éclairs & l'orage,
Par des chemins affreux je marche avec courage.
Il semblait que mon cœur m'eût averti tout bas,
Que je fuyais ainsi pour voler dans tes bras.

FLORVILLE.

A quels périls l'amour t'exposa, ma Julie !
Que de maux....

JULIE.

      Je te vois, je ne m'en souviens plus.
Ne perdons point de tems en regrets superflus.

SCENE VI.

LISETTE, NARSIT, FLORVILLE, JULIE.

LISETTE, *accourant.*

AH! Madame, fuyons: je suis toute saisie;
 Tout est en feu. Mahamet en courroux
A fait armer ses gens pour courir après vous;
Il les suit. Sur le port, j'ai vû briller des armes:
Tout semble préparer de nouvelles allarmes.
Fuyons tous ces débats, les périls sont pressans.

FLORVILLE.

De quel complot, ô Ciel! il serait la victime.
Je puis le secourir, il en est encor tems;
Je sens naître en mon cœur un transport légitime.
Ecoute, ma Julie, & calme un peu tes sens:
 Je suis instruit du complot qu'on médite.
Mahamet est perdu s'il approche du port;
Je pourrais le sauver.

JULIE.

      Mon ame est interdite.
Quoi! tu veux au hasard confier notre sort?
Tu veux donc me causer de nouvelles allarmes,
M'exposer au danger de te reperdre encor?
Cruel, en ce moment prends pitié de mes larmes.
 Pour qui, dis-moi, vas-tu prendre les armes?

COMÉDIE. 53

Oses-tu bien un moment y songer ?
Pour Mahamet, ce tyran implacable,
Du plus grand des forfaits envers nous deux coupable.

FLORVILLE.

Il ne l'est plus pour moi, dès qu'il est en danger.
Il m'a servi six mois de bienfaiteur, de père ;
Je ne puis l'oublier ; & s'il a pû changer,
Son péril doit me faire oublier ma colère ;
C'est en le délivrant que je dois m'en venger.

JULIE.

Il t'a voulu ravir le bonheur de ta vie.

FLORVILLE.

C'était toi qu'il aimait. Est-ce un crime à mes yeux ?
Aime-t-on faiblement quand on aime Julie ?
L'amour seul a causé son transport furieux.
N'est-il pas trop puni de ne pouvoir te plaire ?
Il m'a chargé de fers, moi je vais l'y soustraire ;
Lequel des deux Rivaux te mérite le mieux ?

JULIE.

Arrête, cher amant.

[*On entend un coup de pistolet.*]

FLORVILLE.

Dieux ! le moment me presse,
C'est le signal : volons. L'honneur m'en fait la loi.
Laisse au moins ton amant être digne de toi :
Adieu....

[*Il s'arrache des bras de Julie.*]

SCENE VII.

JULIE, NARSIT, LISETTE.

JULIE.

Dans quel état le barbare me laisse !

TRIO.

O Ciel, tu vois nos larmes !
Dissipe nos alarmes
Et rends-nous le bonheur.

JULIE.

J'entends le bruit des armes ;
Il déchire mon cœur.

(*Zima passe avec plusieurs gens armés.*)

JULIE.

Mais quelle crainte ici m'enchaîne.
Non, Florville, c'est trop souffrir.
Avec toi je saurai mourir.
Courons...

NARSIT & LISETTE.

Non, non, vous n'irez pas.

JULIE.

Laissez-moi terminer ma peine ;
Pourquoi donc arrêter mes pas ?

COMÉDIE.

NARSIT & LISETTE.
Vous nous livrez tous au trépas.
Arrêtez.

JULIE.
Laissez-moi.

LISETTE.
Non, non, vous n'irez pas.

ENSEMBLE.
O Ciel! &c.

LISETTE.
Le bruit cesse & l'on vient. Sauvons-nous promptement.

JULIE.
O Ciel, dans ce péril, protège mon amant.

(*Elle entre dans la grotte avec Narsit & Lisette.*)

SCENE VIII & DERNIERE.

MAHAMET, ZIMA, FLORVILLE, TROUPE D'EUNUQUES, DE GENS ARMÉS, D'AFRICAINS ENCHAÎNÉS; JULIE, NARSIT ET LISETTE, *dans la Grotte.*

MAHAMET.
Quoi! Zima, je vous dois ma liberté, ma vie;
Et vous, Florville, & vous à qui je l'ai ravie,
Ma délivrance est due à vos soins généreux.
Combien je suis coupable!...

LE CORSAIRE,

FLORVILLE.
     Ah ! je suis trop heureux;
Je vous ai délivré de la fureur barbare
De deux fiers ennemis : ils ont fui tous les deux.

MAHAMET.
Que de torts envers vous il faut que je répare.

FLORVILLE.
Vous devez à Zima le salut de vos jours.
Sans elle, quels destins auraient été les nôtres ?
  Nous périssions sans son secours.

ZIMA.
Par un de vos muets, moins traître que les autres,
Du complot qu'on formait j'ai compris les horreurs.
J'ai su que votre garde était déjà vendue,
Que vous alliez périr : de frayeur éperdue
J'ai vite rassembler ces zélés serviteurs,
Et je suis sur vos pas promptement accourue.

MAHAMET.
Quels amis j'offensais ! Hélas ! par mes remords
Vous êtes bien vengés.

FLORVILLE.
    Si la reconnaissance
Eclaire en ce moment votre ame sur ses torts,
Les réparer d'un mot est en votre puissance.

MAHAMET.
Que me demandez-vous ?

FLORVILLE.
    De me rendre Julie.

MAHAMET.
Que ne le puis-je aux dépens de ma vie ?
Hélas ! de m'acquitter j'ai perdu tout espoir.

COMÉDIE.

Julie en ce moment vient de m'être ravie ;
  Elle n'est plus en mon pouvoir.

ZIMA.
J'ai causé vos malheurs, sans doute elle est partie.

FLORVILLE, *avec la plus grande inquiétude.*

Elle était avec moi quand j'ai volé vers vous :
M'aurait-elle quitté ! Julie, ô ma Julie.

MAHAMET, *vivement à sa troupe.*

Qu'on vole sur ses pas.

JULIE, NARSIT & LISETTE *sortans de la grotte.*

Elle est à vos genoux.

FINALE.
JULIE & LISETTE.
Soyez sensible à nos douleurs
Que notre amour touche votre ame.

FLORVILLE, JULIE, NARSIT & le Chœur.

Couronnez la plus vive flamme,
Rendez la vie à nos deux cœurs.

MAHAMET.
Que d'amour ! ah ! cédons au remord qui me presse.
Oui, je veux triompher d'un sentiment jaloux.
Florville, couronner votre vive tendresse,
  Me paraîtra le bonheur le plus doux ;
  (*A Zima.*)
Et vous, dont j'ai blessé l'ame tendre & sincère,
Daignez me pardonner une erreur passagère ;
Je vous offre ma main : qu'un Hymen solemnel
Vous soit de mon retour le garant éternel.

ZIMA. *Récitatif.*

Ingrat, ton repentir me touche.
L'amour me parle en ta faveur,
Reçois ton pardon de ma bouche,
Il était déjà dans mon cœur.

CHŒUR.

Plus de chagrin, plus de tristesse,
Goûtez le bonheur le plus doux.
Livrons-nous tous à l'allégresse,
Que ce beau jour répand sur nous.

JULIE & FLORVILLE.

Dans les plaisirs qu'hymen apprête,
Notre ami sera de moitié.
Oui, oui, ce jour sera la fête
De l'amour & de l'amitié.

CHŒUR.

Plus de chagrin, &c.

NARSIT.

Dans les plaisirs qu'hymen apprête,
Que ne puis-je être de moitié ?

LISETTE.

Si l'amour n'est pas de la fête,
Contentons-nous de l'amitié.

CHŒUR.

Plus de chagrin, &c.

FIN.

APPROBATION.

J'ai lu par ordre de Monsieur le Lieutenant-Général de Police, *le Corsaire*, Comédie en trois Actes, mêlée d'Ariettes & je n'y ai rien trouvé qui m'ait paru devoir en empêcher la représentation ni l'impression. A Paris, le 29 Août 1782.

SUARD.

Vu l'approbation, permis de représenter & d'imprimer. A Paris, ce 30 Août 1782. LENOIR.

FAUTE A CORRIGER.

Page 8, lig. 24.

Peut-être un peu d'audace est-elle nécessaire.

Lisez :

Peut-être un peu d'audace alors est nécessaire.

De l'Imprimerie de CAILLEAU, rue Galande, vis-à-vis de la rue du Fouarre.

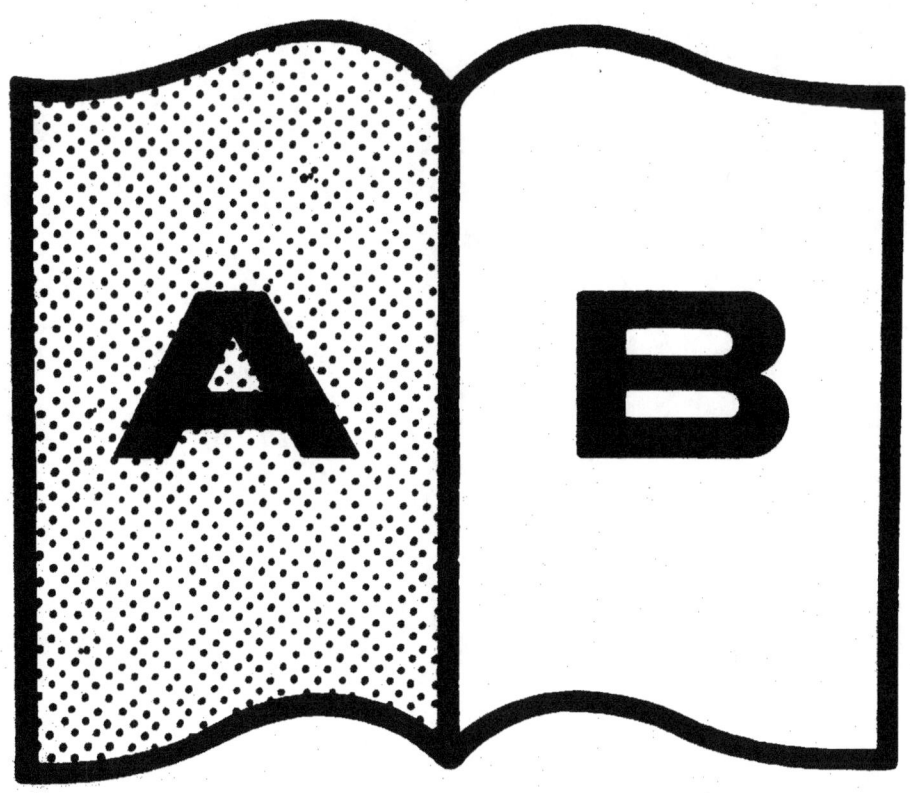

Contraste insuffisant

NF Z 43-120-14

www.ingramcontent.com/pod-product-compliance
Lightning Source LLC
LaVergne TN
LVHW022123080426
835511LV00007B/991